Im tropischen Busch

B. Traven

Alpha Editions

This edition published in 2022

ISBN : 9789356902695

Design and Setting By
Alpha Editions
www.alphaedis.com
Email - info@alphaedis.com

Im tropischen Busch

Von B. Traven (Tamaulipas, Mexiko)

In: Westermanns Monatshefte. Braunschweig, 1926, H. 839, S. 525-536.

Undurchdringlicher Dschungel bedeckt die weiten Ebenen der Flußgebiete des Panuco und des Tamesi. Zwei Bahnlinien nur durchziehen diesen neunzigtausend Quadratkilometer großen Teil der Tierra Caliente. Wo sich Ansiedelungen befinden, haben sie sich dicht und ängstlich an die wenigen Eisenbahnstationen gedrängt. Europäer wohnen hier nur ganz vereinzelt und wie verloren. Die ermüdende Gleichförmigkeit des Dschungels wird von einigen sich langhinstreckenden Höhenzügen unterbrochen, die mit tropischem Urbusch bewachsen sind, der ebenso undurchdringlich ist wie der Dschungel und in dessen Tiefen, wo immer Dämmerung herrscht, alle Mysterien und Grauen der Welt zu lauern scheinen. An einigen günstigen Stellen, wo Wasser ist, sind kleine Indianerdörfer über die Höhen verstreut; Wohnplätze, die schon dort waren, ehe der erste Weiße das Land betrat. Sie liegen fernab der Eisenbahn. Auf Eselkarawanen werden die Waren, die hier gebraucht werden, hauptsächlich Salz, Tabak, billige Baumwollhemden, Zwirnhosen, Musselinkleider, spitze Strohhüte für die Männer und schwarze Baumwolltücher für die Frauen herbeigebracht. Als Tausch werden Hühner, Eier, Eselsfüllen, Ziegen, Papageien und wilde Truthähne gegeben.

Dort wohnte ich, tief im tropischen Busch, allein, in einer primitiven Hütte, die ich mir selbst gebaut hatte, nach Indianerart, ohne einen Nagel zu brauchen.

Siebzig Minuten Ritt brachten mich zu meinem nächsten Nachbar, einem amerikanischen Arzt aus Arkansas, namens Wilshed. Alle übrigen Menschen meiner Nachbarschaft, von denen keiner näher wohnte als vierzig Minuten, waren Vollblut-Indianer. Das nächste Dorf war elf Meilen entfernt, die nächste Eisenbahnstation, wo zwei weiße Familien wohnten, siebzig Meilen.

Doktor Wilshed wohnte in einem Bungalow, einem einfachen Bretterhaus, das zwei Räume hatte. Er lebte dort mutterseelenallein, betrieb ein wenig Landwirtschaft, hatte zwei Kühe, fünfzig Hühner, zwanzig Bienenstöcke, zwei Pferde und drei Maultiere. Zwei Indianerfamilien, die etwa eine Meile entfernt wohnten, auf dem Abhange des Höhenzuges, waren seine nächsten Nachbarn. Die Männer jener beiden Familien waren bei ihm als Farmarbeiter beschäftigt.

Den größten Teil seiner Zeit verbrachte der Doktor mit Lesen. Wenn er nicht las, dann saß er auf der Veranda seines Bungalows und schaute unverwandt hinunter auf die unermeßlich weite Ebene, die sich vom Fuß des Höhenzugs an bis fern hinter den Horizont hinzog. Dschungel, Dschungel, nichts als Dschungel.

Zuweilen fiel mir die Einsamkeit des Busches heftig auf die Nerven; denn es kam vor, daß ich zwei volle Wochen kein menschliches Antlitz sah. Wenn es gar zu unerträglich wurde, wanderte ich hinauf zum Doktor, nur um einen Menschen zu sehen, eine menschliche Stimme zu hören, nur zu fühlen, daß ich nicht allein war auf der großen Welt. Aber der Doktor war schweigsam. Der tropische Busch macht schweigsam und denkend, und der Doktor lebte hier ein Menschenalter, hatte sich hierher verkrochen, wahrscheinlich weil er die Menschen nicht ertragen konnte oder weil er eine Enttäuschung erlebt hatte, aus der seine Seele zu retten eine Flucht in den tropischen Busch die einzige Lösung gewesen war.

Wir konnten oftmals Stunden nebeneinander auf der Holzbank seiner Veranda sitzen, ohne daß wir ein Wort sprachen. Über uns selbst hatten wir nichts zu reden, über andre wollten wir nicht reden; und da auch keiner von uns so närrisch war, dem andern seine Ansichten über Welt und Geschehen aufzudrängen, wußten wir in der Tat nicht, was und worüber wir hätten reden sollen. Aber die Schweigsamkeit des Doktors war doch oftmals beängstigend. Es kam vor, daß er einen Satz begann, um ein Erlebnis, das er hier in den Tropen gehabt hatte, zu erzählen. Aber wenn der Satz kaum zur Hälfte gesprochen war, zündete er sich seine Pfeife an und vergaß darüber, den Satz zu beenden. Entweder es reute ihn plötzlich, irgendeins seiner zahlreichen Abenteuer mitzuteilen und es dadurch aus seinem Privatbesitz fortzugeben, oder aber er hatte seinen Satz im stillen zu Ende gedacht, während er glaubte, er habe ihn gesprochen. Er konnte häufig nicht entscheiden, ob er etwas gesagt oder nur gedacht hatte.

„Haben Sie jemals ein Buch geschrieben?“ fragte ich ihn eines Tags.

„Ein Buch?“ gab er zur Antwort. „Ein Buch? Viele!“

„Worüber, Doktor?“

„Über – was ich hier gesehen habe, was ich hier in den Jahren gedacht habe, was Tiere taten, was Tiere gedacht und gesagt haben, was der Busch mir erzählte und die Musik, die ich hier gehört habe.“

„Veröffentlicht?“

„Niemals. Jedesmal, wenn ich ein Buch vollendet hatte, las ich es, fand es gut und zerriß es. Warum sollte ich denn meine Bücher veröffentlichen? Ich hatte meine Freude und meinen Genuß, wenn ich sie schrieb. Für die Leute?

Ich möchte wissen, warum? Die haben so viele gute Bücher, die sie nicht lesen. Warum sollte ich ihnen noch mehr geben? Zudem würden die Leute meine Bücher gar nicht glauben. Sie würden mich für verrückt erklären, und ich müßte mich vielleicht gar noch mit ihnen herumstreiten, um sie zu überzeugen, daß ich recht habe und daß ich die Wahrheit sprach. Immerhin, es ist mir ganz gleichgültig. Ich bin auch der Meinung, daß die besten Bücher, die jemals geschrieben wurden, entweder auf Papier oder im Geist, niemals veröffentlicht worden sind. Hinter jedem veröffentlichten Buch liegt etwas auf der Lauer, das nicht zugunsten des Werkes spricht, und das den Menschen hindert, das Beste zu schaffen, dessen er fähig ist."

Ich hatte manchmal das Empfinden, daß der Doktor vor langer Zeit schon gestorben sei, daß er es selbst nicht wisse, daß er tot sei, und daß er darum hier noch sitze, weil niemand da sei, der sehen könne, daß er tot sei, und niemand komme, ihn zu begraben. Wenn man sorgfältig um sich schaut, wird man leicht finden, daß eigentlich nur die Menschen sterben und begraben werden, die Erben haben oder für die jemand zu sorgen hat.

Wenn der Doktor mir erzählt hätte, er säße hier bereits vierhundert Jahre und sei mit den ersten Weißen hier angekommen, ich würde es ihm ohne weiteres geglaubt haben, weil ich gar keinen Grund hatte, es ihm nicht zu glauben.

Des Doktors Bibliothek

Eines Morgens kam ich zum Doktor, und er empfing mich so: „Hören Sie einmal, Gale! Sie wissen, ich habe für die States nicht viel übrig. Das Land hat aufgehört, jenes freie Land der Vorkriegszeit zu sein. Der Krieg für die Freiheit andrer Völker hat es völlig verdorben. Da ist zu viel Regieren, zu viel Kommandieren, zu viel Verbieten, zu viel Gesetze, und es wimmelt von Beamten. Es ist eine große Kinderbewahranstalt geworden. Ein Grund mehr unter vielen, warum ich nie zurückkehre. Aber jetzt habe ich eine wichtige Reise dorthin zu unternehmen, ich habe etwas zu kaufen, ein paar Bücher, hinter denen ich seit Jahren herjage. Seien Sie doch so gut, und ziehen Sie während meiner Abwesenheit in meine Höhle. Wenn ich die Bude unbewohnt lasse, finde ich weder ein Dach noch eine Kaffeetasse wieder, wenn ich heimkomme."

„Gar keine Frage, Doktor, natürlich ziehe ich rüber," sagte ich.

„Das ist recht. Nehmen Sie mein Pferd und holen Sie Ihr bißchen Gelumpe her. Bei Ihnen bricht man nicht ein, da ist nicht viel zu holen." Er lächelte. Mein Haus hatte er zwar nie gesehen, aber ein Indianer hatte ihm offenbar erzählt, daß es nur eine Grashütte sei.

Nachdem ich meine Brocken herübergebracht hatte, setzte er sich aufs Pferd und trabte zur Station, wo er das Pferd bei einem Farmer unterstellen konnte. Als er etwa fünfzig Schritte geritten war, drehte er sich um und rief: „Vergessen Sie nicht, die Eier aus den Nistkörben zu nehmen, und melken Sie die Kühe. Sie können nicht verhungern. Sie finden alles, was Sie benötigen, in den Kisten."

Ein paar Stunden lungerte ich um das Haus herum, um mich zurechtzufinden für alle Fälle. Im Laufe des Spätnachmittags kam ich an seine Bibliothek, die sich in einem roh gearbeiteten Schrank befand.

Die Mehrzahl der Bücher handelte von den alten mexikanischen Völkern, deren Geschichte, Zivilisation und Religion. Viele der Bücher waren mit Bildern und Karten ausgestattet. Da waren Bücher und unveröffentlichte Handschriften, die bis zum 16. und 17. Jahrhundert zurückreichten. Diese Bibliothek war ein Vermögen wert, und der Doktor ließ sie in meiner Obhut, ohne sie auch nur zu erwähnen, als ob es sich um Werke handle, die man in jedem Laden kaufen könne.

Ich lebte nun in diesem Wunderlande seit vielen Jahren. Ich hatte mit Indianern gelebt, die nicht wußten, was eine Geldmünze bedeutet, die mir zwei große schwarze Diamanten anboten für meinen Jagdrevolver, den ich aber nicht entbehren konnte, weshalb ich ihnen statt dessen zweihundert Pesos in blankem Golde bot. Das lehnten sie aber ab und erklärten das Geld für wertlos. Viel hatte ich in jenen Jahren gelernt über das Land, seine Reichtümer, seine weißen und kupferfarbenen Bewohner, deren Zukunftsaussichten und Entwicklungsmöglichkeiten.

Doch von der Vergangenheit des Landes und seiner Bewohner wußte ich nichts.

Eine neue Welt steigt auf

Ich stürzte über jene Bücher her, wie man nur kann, wenn man Monate und Monate kein Buch gesehen und plötzlich Bücher zur unbeschränkten Verfügung hat, die zu lesen man seit Jahren ersehnte.

In kürzerer Zeit, als ich je gedacht hatte, lag ich in festen Banden jener Bücher. Sie hielten mich so gefesselt, daß ich vergaß, mir mein Essen zu kochen. Ich trank die Milch, wie ich sie molk, und schluckte die Eier roh, um nur keine Zeit für meine Bücher zu verlieren. Den ganzen Tag, während die Sonne herunterglühte und man sich wie in einem Backofen fühlte, und mehr als die halbe Nacht saß ich über den Bänden, von der Furcht gejagt, der Doktor könnte zurückkommen, ehe ich die Bücher zu Ende gelesen hätte.

War es möglich, daß Menschen und Völker dieser Art hier auf dieser Erde, wo ich jetzt stand, gelebt, geliebt und gelitten hatten? Konnte es wirklich wahr sein, daß auf diesem Kontinent Menschen und Völker von hoher

Kultur gelebt hatten sechstausend Jahre vor jener dunklen Fabelzeit, die wir als den Anfang der menschlichen Geschichte bezeichnen?

Von nun an betrachtete ich das Land mit andern Augen als vorher. Wenn ein Indianer zufällig vorüberkam oder vor dem Hause um einen Trunk Wasser bat, dann forschte ich sorgfältig in seinem Antlitz nach einer Ähnlichkeit mit jenen alten Königen, Fürsten und Häuptlingen, deren Bilder ich in den Büchern gesehen hatte. Und in der Tat, ich fand überraschende Ähnlichkeiten. Jedoch nicht zufrieden damit, ihre Gesichter, ihre Gesten, die Art ihres Ganges, den Tonfall ihrer Stimme zu studieren, begann ich, die Leute gelegentlich auszufragen. Ich war nicht wenig erstaunt, als ich vernahm, daß diese Leute die Vergangenheit ihres Volkes gut kannten, daß sie die Geschichte ihres Volkes, ihre Balladen, die Taten großer Männer, ihre Religionslegenden durch mündliche Überlieferung von Generation zu Generation erhalten hatten. Viele jener Indianer beteten noch ihre alten Götter an, während alle übrigen die Hunderte von Heiligen, die ihnen ganz unbegreiflich erscheinende unbefleckte Empfängnis, sowie die ihnen ebenso unverständliche Dreieinigkeit derart mit ihrer alten Religion verwirrt hatten, daß sie in ihren Herzen und ihren Vorstellungen die alten Götter hatten, während sie auf den Lippen die Namen der unzähligen Heiligen trugen.

Die Begegnung im Busch

Um mich ein wenig wieder in dieser Welt zurechtzufinden, mein Hirn ein wenig zu entlasten und meine Beine nicht steif werden zu lassen, machte ich mich eines Morgens auf den Weg, um eine lange Wanderung durch den Busch zu unternehmen.

In weiter Tiefe des Busches, in einer Umgebung, die wegen der Entfernung von jeglicher menschlichen Behausung und wegen der Abgelegenheit selbst von den primitiven Buschpfaden beklemmend unheimlich wirkte, traf ich einen Indianer an, der dort Holzkohle brannte. Ich würde nie an jene Stelle gekommen sein, wenn ich nicht Rauch hätte aufsteigen sehen, dessen Ursache ich finden wollte.

Es war gewiß ein hartes Leben, das dieser Mann führte. Wochenlang in der Tiefe des Busches lebend, ganz allein, unzähligen Gefahren ausgesetzt, um einige Ladungen Holzkohle abliefern zu können, die er auf seinem Esel zu den weitverstreuten Siedlungen schleppte.

Der Indianer saß vor dem rauchenden Erdhügel und starrte bewegungslos den ruhig aufsteigenden Rauchfähnchen nach. Er war ein schmächtiger Mann, dem man aber achtunggebietende Kräfte zugestehen durfte; denn die Ebenholzbäume zu fällen und sie für den Verkohlungshügel zuzuhacken, verlangt alles an Kraft, was ein Mensch hergeben kann, und diese harte Arbeit in tropischer Sonnenglut zu verrichten, setzt eine Zähigkeit des

Körpers voraus, die eine schwächliche oder untergehende Rasse nicht aufbringen könnte.

Was mir an diesem Manne eigentümlicherweise sofort auffiel, war der merkwürdig traurige Ausdruck seiner Augen und die feine Gliederung seiner schönen, schmalen Hände, deren rassiger Bau so ehern unverwüstlich war, daß die harte Arbeit des Holzfällens ihre edle Form nicht beeinflussen konnte. Er trug einen dünnen Schnurrbart und am Kinn dünne Flusen, die er wahrscheinlich für einen Vollbart hielt.

Ich setzte mich zu ihm nieder, gab ihm Tabak, und wir kamen nach und nach ins Erzählen.

„Sie haben richtig geraten, Señor, meine Vorfahren sind einst stolze Fürsten unter den Panukesen gewesen, angesehen weit über die Grenzen der benachbarten Stämme hinaus. Der letzte jener Edlen wurde von den Spaniern gehängt wegen Rebellion gegen die Fremdherrschaft. Wäre es seiner Frau und seinen Kindern nicht rechtzeitig geglückt, in die Berge zu flüchten, wohin zu folgen die Spanier sich fürchteten, säße ich nicht hier. Das war in jener Woche, in der die Spanier ein Blutbad unter meinem Volke anrichteten mit dem Hängen von fünfhundert Häuptlingen, unter denen mein Vorfahr sich befand."

„Glauben Sie, daß dieses Land jemals wieder zu solcher Macht gelangen wird, als es besaß, ehe die Spanier kamen?"

Ich weiß, daß dies in nicht ferner Zeit der Fall sein wird, aber ich wollte es doch von einem Indianer bestätigt hören.

„Der Schicksalsweg unsers Volkes ist langsam. Wir haben Zeit. Die weißen Männer haben keine Zeit. Aber können Sie nicht hören, Señor, wie alle nichtweißen Völker der Erde ihre Glieder regen und strecken, daß man das Knacken der Gelenke über die ganze Welt vernehmen kann?"

Etwas unsicher sagte ich: „Dagegen werden wir uns zu wehren wissen."

„Womit?" fragte er ruhig und ohne jede Ironie. „Womit? Mit Ihrer Zivilisation? Die ist nicht stark genug, Señor. Sie hat ja keine tragende Idee. Ihre Zivilisation wird nur von einem einzigen Gedanken geleitet, und der heißt: Geld. Mit Geld kann man Geschäfte machen, aber keine Seelen erwerben."

Ich jagte heim und stürzte wieder über die Bücher her. Neue Fragen hatten sich mir aufgedrängt, und ich suchte nach Lösungen, suchte nach einer Andeutung dessen, was uns bevorstand. Wenn irgendwo, dann war in diesen Büchern der Schlüssel zu finden zu jenem großen Tor, dessen Öffnung mich die Zukunft unsrer Rasse sehen ließ.

Wie im Fieber las ich und las, fiel nach Mitternacht wie mit Blei ausgefüllt in mein Bett und stand auf bei den ersten Strahlen der Sonne mit dumpfen Gliedern. Doch als meine Schläfen zu hämmern begannen, mein Blut durch die Adern raste, als wolle es jeden Augenblick überkochen, zwang ich mich gewaltsam zur Ruhe und zu mehr gleichmäßigem Studium. Auf diese Weise zog ich einen erheblich größeren Gewinn aus meinem Lesen. Ich fing an, ernsthaft zu studieren, anstatt nur zu lesen.

Nichtsdestoweniger aber lebte ich in einem andern Zeitalter. Ohne Gelegenheit, zu einem Menschen zu sprechen oder eine menschliche Stimme zu hören, vergaß ich Zeit und Ort und meine eigne Person. Ich konnte sprechen wie jene Personen, die in den Büchern erschienen, oder glaubte wenigstens, es zu können; ich konnte deren Gedanken denken, ich konnte in meiner Vorstellung deren Ideen über Welt und Leben wachrufen, ohne daß mir der Vorgang selbst zum Bewußtsein kam.

Diese Gefühle waren besonders stark am Abend und in den frühen Nachtstunden, wenn alle Türen des Bungalows weit offen standen und der ewig singende Busch mir im Ohr summte.

Der Nachtbesuch

Es war eines Abends zwischen zehn und elf etwa, als ich meine Augen erhob von einem Buche über die Zivilisation der Tezkuken. Nein, um genau zu sein, ich war gezwungen, meine Augen zu erheben, denn ich hatte das Empfinden, daß jemand im selben Zimmer war mit mir, und daß ich seit einiger Zeit aufmerksam beobachtet wurde.

Ich wendete den Kopf. In der Mitte des Raumes stand ein Indianer. Kein Zweifel, er stand dort seit einer geraumen Weile. Sein Blick ruhte auf meinem Gesicht, und geduldig wartete er darauf, daß ich ihn anreden möchte.

In diesem Augenblick war ich fähig, genau die Zeile, ja das Wort zu zeigen, das ich in dem Augenblick las, in dem der Mann das Zimmer betreten hatte. Es waren wenigstens zehn Minuten seitdem verflossen.

Augenscheinlich war der Mann die Holztreppe, die zur Veranda führte, heraufgekommen und geräuschlos eingetreten.

Es ist hier nicht Sitte, irgendein Haus, und sei es noch so primitiv, zu betreten, ehe man sich nicht durch einen Gruß oder ein Rufen bemerkbar gemacht und der Inwohner gesagt hat: „Pase!“ Die Mehrzahl der Häuser, die der Indianer alle, haben keine Türen, und wenn sie welche haben, werden sie mit Bast oder einem Bindfaden geschlossen. Ginge man auch nur bis vor die offene Tür, ohne daß man sich durch ein Geräusch ankündigte, würde man die Hausbewohner oftmals in die allerpeinlichste Verlegenheit bringen, weil die Hütten ja nur einen Raum haben.

Dieser Mann hatte sicherlich verschiedene Male gerufen, um meine Aufmerksamkeit auf sich zu lenken. Da ich aber so versunken in mein Studium war, hatte ich es nicht gehört, und er, mich am offenen Fenster lesen sehend, war dann zögernd ins Haus gekommen, weil er mich aus irgendeinem Grunde sprechen mußte und keine andre Möglichkeit sah, sich bemerkbar zu machen.

Da stand er, bewegungslos wie eine Säule. Als ich ihn ansah, beugte er ein Knie, berührte mit der flachen Hand den Fußboden, erhob dann die Hand bis zu seinem Scheitel, das Innere der Hand mir zugekehrt, und mit dieser Geste stand er gleichzeitig auf.

Eine seltsame Form der Begrüßung, dachte ich, eine Art des Grußes, wie ich sie bisher von einem Eingeborenen nicht gesehen hatte.

„Guten Abend," sagte ich zu ihm auf spanisch.

„Nacht ist kalt und lang," begann er zu reden. „Schweine stören mich. Entsetzlich ist es, o Herr, sich nicht verteidigen zu können. Gebaut mit heiliger Sorgfalt, sicher zu sein für die Ewigkeit. Doch es zerfällt und bricht. Lang ist die Nacht, dunkel und kalt. Denken Sie, o Herr, der Schweine. Schweine sind das Grauen." Er erhob seinen Arm und deutete nach einer bestimmten Richtung.

Nicht wissend, was für eine Antwort ich ihm geben sollte, da ich nicht verstand, wovon er überhaupt redete, beugte ich mich über mein Buch, um einen Augenblick Zeit zu gewinnen, meine Gedanken, die offenbar in Verwirrung geraten waren, zu ordnen. Es war in der Tat für mich nicht ganz klar, ob mein Geist sich in einem Zustand fieberischer Erregung befand als eine Folge des unaufhörlichen Lesens, oder ob ich ein wirkliches Geschehen erlebte. Die Gedanken fingen an, in meinem Hirn so durcheinanderzuwirbeln, daß ich nicht in der Lage war, zu entscheiden, wo die Wirklichkeit aufhörte und die Einbildung begann.

Nur um etwas zu reden, sagte ich: „Was meinen Sie eigentlich? Um die Wahrheit zu sagen, ich weiß überhaupt nicht, wovon Sie sprechen. Reden Sie im Zusammenhang, lieber Mann."

Er aber war bereits gegangen, ebenso geräuschlos, wie er gekommen war.

Mit einem Satze war ich an der Tür. Ich wollte gewiß sein, ob meine Sinne bereits so weit herunter waren, daß sie mir Erscheinungen vorgaukeln konnten, oder ob ich wirklich soeben einen Menschen gesehen und gesprochen hatte.

Dank den Göttern, ich war gesund, mein Geist war klar: dort, im bleichen Licht des zunehmenden Mondes sah ich ihn dahinschreiten, schattengleich.

Groß war er nicht, mehr von knabenhafter Gestalt, schlank gebaut, reines, unvermischtes Indianerblut.

Ich kehrte zurück zu meinem Tisch und versuchte, mich seiner Worte zu erinnern. Seltsam genug, ich konnte seine Worte nicht wiederfinden. Und es kam mir zu Sinn, daß er nicht Spanisch gesprochen hatte, daß er keine Sprache gebraucht hatte, die ich kannte: aber dennoch hatte ich ihn vollständig verstanden, der Inhalt seiner Sätze war mir deutlich, nur der Zusammenhang fehlte mir.

War sein Gruß nicht der gleiche gewesen, wie er bei den alten indianischen Völkern im Gebrauch war? Aber das war ja offenkundiger Unsinn. Meine Bücher hatten meine Gedanken verwirrt und mich Dinge sehen lassen, die gar nicht da waren.

Aber wenn ich nun seine Erscheinung in mein Gedächtnis zurückrief: er war in Lumpen gekleidet. Das wieder war nichts Auffallendes, denn die meisten Indianer laufen in zerfetzten Hosen und Hemden herum. Hosen? Hemden? Nein, er hatte weder eine richtige Hose noch ein richtiges Hemd angehabt. Die Lumpen, mit denen er behangen war, hatten ausgesehen wie die verrotteten Überreste eines sehr kostbaren, uralten Stoffes; ein merkwürdiges phantastisches Gewebe, wie ich mich kaum erinnerte, irgendwo gesehen zu haben, es wäre denn in einem Museum.

Jedoch kein Zweifel bestand darüber, daß seine Oberarme, die Enkel seiner Füße mit Goldreifen geschmückt gewesen waren, daß er eine Halskette trug, die ein Goldschmied verfertigt hatte, der ein großer Künstler war.

Und dennoch, je deutlicher alle die Einzelheiten in mein Gedächtnis zurückkehrten, desto klarer wurde mir, daß ich nichts von alledem gesehen hatte, was ich glaubte bemerkt zu haben. Ich hatte den armen Indianer lediglich mit all jenen Äußerlichkeiten ausgestattet, die ein Merkmal jener Völker waren, über die ich gerade las. Die höchste Zeit, sagte ich zu mir selbst, mit diesen Dingen nun ernsthaft Schluß zu machen und den Weg zu meinem Jahrhundert und zur nüchternen Wirklichkeit, in der die Postsäcke ratternd einige tausend Meilen weit durch die Lüfte geworfen werden, zurückzukehren.

Ich klappte mein Buch zu und ging zu Bett.

Die drei Schweine

Am nächsten Morgen bemerkte ich drei Schweine, zwei schwarze und ein gelbes, die sich um das Haus herumtrieben. Ich hatte sie bereits bei zwei, drei andern Gelegenheiten gesehen. Jetzt aber betrachtete ich sie mit Interesse, denn sie erinnerten mich an meinen Besucher in der vergangenen Nacht, der von Schweinen gesprochen hatte. Was diese Schweine jedoch mit ihm zu tun hatten, konnte ich nicht herausfinden.

Sicher waren sie das Eigentum einer der Indianerfamilien, die weiter unten am Abhang des Höhenzuges wohnten. Die Schweine werden hier kaum gefüttert, haben auch keinen Stall, deshalb müssen sie herumlaufen und sich ihr Futter selbst suchen. Ihren Besitzer erkennen sie nur daran, daß er ihnen Wasser gibt, sie ab und zu an einen Baum bindet und sie endlich, nachdem er ihnen zwei Wochen lang täglich einen Sack voll Maiskolben vorgeworfen hat, dem Zweck ihrer Bestimmung zuführt. Aber es kommt nicht vor, daß Schweine sich so weit von ihrem Besitzer entfernt herumtreiben, weil in seiner Nähe schon immer einmal ein Löffel voll gekochter Bohnen vor die Tür fallen könnte, die ein Schwein nicht gern missen möchte.

Jedenfalls konnte ich keinen Zusammenhang mit diesen sehr natürlich aussehenden Schweinen und meinem Besucher erkennen. Wenn es seine Schweine waren und er nicht wünschte, daß sie sich hier oben herumtrieben, so war es sein Geschäft und nicht meins, sich um sein Viehzeug zu kümmern. Überdies, wenn ich es recht bedachte, war es höchst eigentümlich, daß mich der Mann mitten in der Nacht seiner Schweine wegen belästigte.

Etwas konnte ich immerhin für den Mann tun. Ich warf mehrere Steine nach den Schweinen, und sie verließen den Vorplatz vor dem Bungalow. Sie gingen aber nicht den Pfad hinunter, der zu ihren Eigentümern führen mußte, sondern bogen nach einer Weile von dem Pfad ab und trotteten auf einen Hügel zu, der sich in etwa dreihundert Schritt Entfernung vom Hause befand und völlig mit dichtem Buschwerk bewachsen war.

Es schien, daß sie dort in der Nähe reichlich Futter fanden, denn ich bemerkte, daß sie durch das Gebüsch hin und her krochen für eine Weile, bis ich jegliches Interesse an ihnen verlor und die Hühnernester absuchen ging, weil ich Hunger bekam.

Der zweite Besuch

Drei Tage später, wie gewöhnlich über meinem Buche sitzend, gegen elf Uhr nachts, hatte ich plötzlich dasselbe seltsame Gefühl, das mich in jener Nacht aufgescheucht hatte, als der Indianer in mein Haus gekommen war.

Ein Frösteln lief mir über den Nacken, als ich, zur Seite blickend, meinen indianischen Besucher im Zimmer stehend fand, mich schweigend aber unverwandt beobachtend.

Dieses Gefühl des Unbehagens aber verflog sofort, weil mich die Wut packte, die zu verbergen ich mich keineswegs bemühte, als ich den Mann fragte: „Wie sind Sie denn hier hereingekommen? Was denken Sie sich denn eigentlich, daß Sie sich solche Freiheiten erlauben? Das ist doch hier kein öffentliches Gebäude. Das ist ein Privathaus, verstehen Sie? Und ich wünsche, daß Sie es als ein Privathaus respektieren. Was, zum Teufel, wollen Sie denn eigentlich? Wenn Sie einen Schweinehirten suchen, dann schauen Sie sich doch woanders um."

Ich polterte die Sätze heraus, mehr um mein Sicherheitsgefühl wiederzugewinnen, und jenes Frösteln loszuwerden, als um dem Mann wehe zu tun.

Er starrte mich an mit weit geöffneten Augen und mit einem Ausdruck des Gesichts, als müsse er vorsichtig den Sinn meiner Sätze erst ergründen, ehe er darauf antworten könne. Dann sagte er: „Auch ich fürchte Schweine. Sie sind so grauenhaft! Oh, so sehr grauenhaft!"

Kurz angebunden erklärte ich: „Das geht mich nichts an. Schlagen Sie die Biester tot und kochen Sie Fett daraus, wenn sie Ihnen unbequem sind. Aber lassen Sie mich nun endlich damit in Ruhe." Ich sah ihm ins Angesicht. Seine Augen blickten so traurig, daß ich plötzlich heißes Mitgefühl mit ihm empfand.

„Sehen Sie her, o Herr!" Er deutete auf seine Wade.

Gräßlich! Einige Zoll über dem Knöchel befand sich eine furchtbar aussehende Wunde.

„Das haben die Schweine getan." Durch seine Stimme klang jetzt ein Ton, der mich fast zum Weinen gezwungen hätte. Mein übermüdetes Gehirn begann sich zu rächen.

„O, grauenhaft! O, grauenhaft! Und gleichzeitig zu wissen, daß man ganz hilflos ist, daß man sich nicht einmal gegen solch wüstes Getier schützen kann. Flehen Sie alle Schicksalsmächte an, daß Ihnen nicht ein gleiches Los beschieden werde. Es wird nicht lange währen, und diese entsetzlichen Tiere werden an meinem Herzen nagen, und sie werden mir die Augen ausfressen, bis jener Tag des Grausens kommen wird, wo sie mein Hirn schlürfen werden. Oh, Herr und Freund, bei allem, was Ihnen heilig ist, helfen Sie mir, erretten Sie mich aus meiner namenlosen Pein. Ich leide mehr, als ein Mensch ertragen kann. Was mehr noch kann ich sagen, um Sie von meinen Qualen zu überzeugen?"

Nun endlich wußte ich, was der Zweck seines Besuches war. Der Mann glaubte, ich sei der Doktor. Es war allgemein bekannt, daß der Doktor nicht praktizierte; da aber der nächste Arzt etwa fünfundachtzig Meilen entfernt wohnte, leistete Doktor Wilshed auf Verlangen in sehr dringenden Fällen erste Hilfe. Augenscheinlich litt der Mann entsetzliche Schmerzen.

Nach langem Suchen fand ich in einer Kiste die Medikamente. Ich nahm eine Binde heraus, Baumwolle und Salbe.

Als ich mich nun dem Manne näherte, ihm die Binde anzulegen, trat er zwei Schritte zurück und sagte: „Das ist nutzlos. Es sind die Schweine, die ich fürchte und die mir Qualen bereiten, nicht die Wunde, die ich kaum beachte. Diese Wunde ist für mich nur das Zeichen dessen, was noch folgen wird.“

Auf seine Weigerung nicht achtend, langte ich energisch nach seinem Bein. Aber ich tappte in die leere Luft. Etwas verwirrt schaute ich auf, und ich nahm wahr, daß der Mann noch einen Schritt weiter zurückgegangen war. Lächerlich, wie leicht man sich täuschen läßt; ich konnte schwören, daß meine zupackende Hand an derselben Stelle gewesen war, wo sein Bein stand.

Ich gab meinen ärztlichen Beistand auf und ging zum Tisch, wo ich stehenblieb und ihn beobachtete.

„Das sind ganz wundervolle Schmucksachen, die Sie da tragen,“ sagte ich. „Wo haben Sie die erhalten?“

„Mein Neffe hängte sie über mich, als ich ihn verlassen mußte.“

„Scheinen sehr alt zu sein. Antike Arbeit.“

„Sind sehr alt,“ bestätigte er. „Sie gehören zum Schatze meiner königlichen Familie.“

Ich konnte es nicht vermeiden, ein wenig zu lächeln, was er aber nicht zu bemerken schien, oder er war zu höflich, es zu sehen. Spaßhafte Leutchen, diese Indianer. In Lumpen gekleidet, wohnend in elenden Palmhütten, selten im Besitz der paar notdürftigen Münzen, um sich rohes Leder für Sandalen zu kaufen, tragen sie dennoch Diamantringe an den Fingern.

Wieder begann ich nüchterne Wirklichkeit und den Inhalt der Bücher, die mich in Atem hielten, miteinander zu verwirren. „Mein Neffe gab sie mir.“ Aber das war ja ein Brauch bei den Azteken, bei den Panukesen, bei vielen andern indianischen Völkern, wo nie der Sohn, sondern der Bruder oder der Neffe der Thronerbe war. So ging das nicht weiter. Ich mußte unter Menschen gehen; die Einsamkeit des tropischen Busches bekam mir nicht, ganz besonders nicht, wenn ich nichts tat als derartige Bücher zu lesen.

„Nun muß ich gehen!“ Er unterbrach meine wandernden Gedanken. „Vergessen Sie nicht, daß es die Schweine sind, mein Herr. Einige große schwere Steine werden genügen. Es ist so hart, um Hilfe bitten zu müssen, aber ich kann mich nicht verteidigen. Ich bin ja so sehr hilflos.“

Aus seinen traurigen Augen rollten Tränen langsam an seinem Gesicht herunter, obgleich er sich bemühte, ihnen Einhalt zu gebieten.

Dann erhob er seine Hand, führte sie an seine Lippen, hob sie hoch über sein Haupt und hielt die innere Handfläche eine kleine Weile gegen mich gekehrt. Und ich erkannte, daß seine Hand von einer edlen Form war, die ich irgendwo gesehen hatte. Wo aber, konnte ich mich nicht erinnern. Auch bemerkte ich zum ersten Male, daß er einen Vollbart trug, der zwar Kinn und Backen hinreichend umrahmte, aber doch dünn erschien. Und obgleich einen solchen Vollbart gesehen zu haben ich mich nicht erinnerte, rief er doch etwas, das mit merkwürdig gesprochenen Sätzen verknüpft war, in mir wach, über das ich nachzugrübeln begann, ohne es finden zu können.

Ich riß mich von dieser verwirrenden Gedankenkette los, um den Mann nach seiner Wohnung zu fragen, was zu wissen mir plötzlich und ganz ohne Grund ungemein wichtig schien.

Aber er war bereits gegangen.

Ich sprang zur Tür. Wahrlich, er schreitet wie ein König! sagte ich zu mir selbst, als ich ihn den Pfad dahingehen sah.

Wie wunderschön war die Nacht! Sie war gekleidet in den magischen Silberschimmer des Vollmonds, der steil über meinem Scheitel stand. Die zauberhafte Sonne der Tropennacht. Die Dinge standen in diesem Lichte da in einer so unheimlichen Schärfe, als müsse sich in jeder Minute etwas Unerhörtes ereignen. Es lag ein Warten in diesem Licht, als würden diese grellbeleuchteten, schreckhaft lebendig erscheinenden Dinge mit dem nächsten Atemzuge einen grellen Schrei ausstoßen, um den Schatten aufzujagen, der schwer und schwarz und wuchtig auf ihren Füßen lastete.

Und der in der Luft hängende Schrei fiel auf mein Herz und machte es stocken, als der Indianer stehenblieb, sich umwandte und mir sein Gesicht zukehrte, in dem ich jede Linie, ja selbst jede Pore deutlich sehen konnte, obgleich er dreihundert Schritt beinahe entfernt war. Nun erhob er den Arm und deutete nach jenem Hügel, wohin sich die drei Schweine verzogen hatten, nachdem ich sie mit Steinen fortgejagt hatte.

Dann verließ er den Pfad und ging auf den Hügel zu. Das Gebüsch reichte ihm zur Schulter. Langsam stieg er den Hügel hinauf, bis er die Höhe erreicht hatte, wo das dichte Gebüsch so hoch stand, daß es ihm weit über den Kopf reichte und es auf mich den Eindruck machte, als habe ihn das Gestrüpp verschluckt, denn ich sah ihn nicht mehr.

Eine Entdeckung

Sobald die Sonne am nächsten Morgen aufgegangen war, nahm ich mein Buschmesser und schlug mir einen Pfad zu jenem Hügel. So sorgfältig ich aber auch das Gebüsch untersuchte, ich konnte den Weg nicht finden, den der Indianer in der verflossenen Nacht gegangen war. Nichts war niedergetreten, kein Zweig abgebrochen. Es war eine harte Aufgabe, ihm auf seinem Wege zu folgen. Ich hatte mir vorgenommen, ihn in seiner Hütte aufzusuchen. Vielleicht konnte ich eins seiner einzigartigen Schmuckstücke gegen ein Paar Stiefel oder ein Hemd oder Sattelzeug eintauschen.

Als ich endlich den Hügel erreichte, machte ich eine merkwürdige Entdeckung: der Hügel war nicht ein natürlicher Haufen Erde oder ein Felsblock, wie ich geglaubt hatte, sondern er war künstlich aus gehauenen Steinen und Mörtel aufgebaut. Dem Anschein nach zu urteilen, war er einige hundert Jahre alt. Das dornige, dichte Gebüsch hatte ihn völlig bedeckt und sich in das Mauerwerk festgewurzelt und eingefressen. Diese unerwartete Entdeckung ließ mich ganz vergessen, dem Indianer nachzulaufen.

Ich hieb das Gebüsch nieder und machte eine weitere Entdeckung: Steinstufen führten in östlicher Richtung auf die Oberfläche des Hügels. Der Hügel selbst war etwa fünf Meter hoch. Oben hatte er eine viereckige ebene Fläche, die wohl drei Meter im Geviert war.

Eine Seite des Hügels war durchwühlt, und da hier das Buschwerk niedergetrampelt war, schien diese Wühlerei ganz kürzlich getan worden zu sein. Kein Zweifel, die Schweine hatten das neulich verübt, als sie hier herumlungerten. Als ich dieser Wühlerei nachging, fand ich, daß die Schweine sich durch das Mauerwerk gearbeitet hatten, das an dieser Stelle zu zerfallen begann und bloßlag.

Wenn irgendwo, dann lag hier das Geheimnis verborgen, das mich beschäftigte. Hier war die Erklärung zu suchen für alles, was in den letzten Tagen geschehen war.

Ich eilte zurück zum Hause und holte mir Pickhacke und Schaufel. Stein um Stein, Brocken um Brocken brach ich heraus, bis das Loch groß genug war, um meinen Oberkörper hindurchzuzwängen. Ich zündete ein Streichholz an. Doch kaum flammte es auf, als ich es mit einem unartikulierten Schrei fallen ließ und mich so rasch hinausquetschte, daß sich Schultern, Brust und Rücken mit blutenden Schrammen bedeckten. Dann, im hellen Sonnenlichte vor dem Loche sitzend und meinen Atem wiederfindend, dachte ich, daß Augen doch recht unzuverlässig sein können.

Ursprünglich hatte ich die Absicht gehabt, den Hügel unberührt in jener Form zu lassen, in der ich ihn gefunden hatte. Doch nun blieb mir keine andre Wahl. Ich hatte den Kopf des Hügels aufzubrechen, um das blendende Tageslicht hineinfluten zu lassen und dem Innern der Höhle die unerträgliche Geisterhaftigkeit zu rauben.

Harmlosere Dinge als das, was in dieser Höhle verborgen war, können einem im Dschungel oder im tropischen Busch ein tiefes Grauen einjagen. Eine zwanzig Zentimeter große behaarte Spinne, die einem über das Gesicht läuft, oder ein fünfunddreißig Zentimeter großer schwarzer Skorpion, der sich ins Zelt oder in die Hütte geschlichen hat, erfüllen einen häufig genug mit größerem Entsetzen als das Begegnen mit einem Tiger, wenn man nichts weiter in der Hand hat als einen Stock.

Ich beschloß, sofort an die Arbeit zu gehen. Das Unbestimmte mochte sich in meiner Einsamkeit, besonders zur Nachtzeit, vielleicht schwerer auf die Nerven legen als das klare, festumgrenzte Wissen, wenn es auch noch so Grauenhaftes aufweisen sollte.

Der Panukese ist tot

Gegen Mittag war ich trotz der Gluthitze so weit mit meinem Ausgraben gekommen, daß der Inhalt der Höhle offen im hellen Licht des Tages lag.

Es ist ganz gewißlich wahr, ich war weder geistesgestört, noch träumte ich. Wäre ich im Zweifel gewesen, die Blasen an meinen Händen und die Müdigkeit meines Körpers hätten mich eines Besseren belehrt.

Da, in jener Höhle, deren Mauerwerk so fest gefügt war, als wäre es beste Betonarbeit, war mein Besucher, jener Indianer, der mich zweimal des Nachts in meinem Hause gesprochen hatte. Er saß auf dem Boden der Höhle in hockender Stellung. Sein niedergebeugtes Antlitz war verborgen in seinen Händen.

Er war tot. Tot seit vier-, fünfhundert Jahren, vielleicht viel länger, und er war begraben worden mit unnennbarer Sorgfalt, aus der Liebe sprach und Ehrfurcht zugleich. Die Höhle war durchaus luftdicht abgeschlossen gewesen bis vor wenigen Tagen, wo die Schweine angefangen hatten, dort herumzuwühlen.

Sein Aussehen war nicht das einer ägyptischen Mumie. Vielmehr sah er ganz so aus, als wäre er vor drei Tagen erst gestorben.

Die Lumpen, in die er gekleidet war, erschienen im hellen Tageslicht noch bei weitem kostbarer und reicher in ihrer ursprünglichen Herkunft als in der Nacht gesehen.

Die Schmucksachen, die er trug, waren Meisterstücke hochentwickelter Goldschmiedekunst, und ich hatte nie zuvor irgendwo Arbeiten von solcher Vollendung gesehen.

Plötzlich bemerkte ich, daß seine Wade angefressen war, und gerade an jener Stelle, die er mir in der vergangenen Nacht gezeigt hatte. Kein Blut war zu sehen, trotzdem die Schweine bereits bis auf den Knochen gekommen waren. Das Fleisch seiner Brust, seines Gesichts und das seiner Waden war hart und fühlte sich an wie Holz. Ich konnte mir nicht erklären, welche Anziehungskraft dieses holzartige Fleisch, das augenscheinlich auch nicht den allergeringsten Nährwert enthielt, auf Schweine ausüben konnte. Aber es war ja immerhin möglich, daß Schweine hinsichtlich dessen, was gut schmeckt, eine andre Meinung haben, als wir gemeinhin annehmen.

Warum sich der Körper so frisch erhalten hatte, war leicht zu erklären: Die Höhle war luftdicht abgeschlossen, und die Erde rundherum enthielt chemische Substanzen, die auf den Körper konservierend einwirkten, nachdem sie in feinen Partikelchen das Mauerwerk durchsetzt hatten. Wahrscheinlich war auch das Konservierungsmittel, das beim Einbalsamieren des Körpers gebraucht worden war, von andrer Beschaffenheit und Wirkung als jenes, das die Ägypter verwandten.

Immer wieder und wieder betrachtete ich meinen Fund. So lebensfrisch hockte er da, daß ich jeden Augenblick erwartete, er würde den Kopf heben, aufstehen und mit mir zu sprechen anfangen.

Von Erde bist du gemacht

Mitleidlos schleuderte die Sonne ihre feurigen Speere hinunter, und es kam mir der Gedanke, daß diese Gluthitze meinem kostbaren Funde von Nachteil sein könne, wenn er zu lange dem grellen Sonnenlicht ausgesetzt sei.

Ich holte aus dem Hause eine große Kiste, um den Körper hineinzulegen und ihn dann in Sicherheit zu bringen. Ehrlich gesagt, es war mir nicht ganz klar, warum ich das alles tat, weshalb ich nicht den Körper da lassen wollte, wo er seit vielen hundert Jahren geruht hatte. Aber diese Krankheit, die schon so viel Unheil angerichtet, so viel Seelenlosigkeit in unsre Kultur gebracht hat, die Museumswut, packte mich. Ich sah meinen Namen in wissenschaftlichen Zeitschriften gedruckt, sah mich am Rednertisch stehen, zur Seite eine weiße Leinwand, sah die Briefe von Redaktionen großer Zeitungen auf mich einregnen, die mich um Aufsätze anflehten und mir die Freiheit ließen, das Honorar zu bestimmen, sah die Museumsdirektoren mit fabelhaften Summen um meinen Fund kämpfen und sah die Dollarmillionäre bescheiden vor meiner Tür stehen und mir Blankoschecks anbieten, um ihre Privatsammlungen auf den ersten Seiten der Neuyorker Blätter erwähnt zu sehen.

Und doch wieder ließen mich diese materiellen Aussichten ganz kühl und verflogen so rasch aus meinem Geist, wie sie, kaum eine Spur zurücklassend, gekommen waren. Noch jetzt weiß ich ganz genau, daß mein Handeln, ohne einen bestimmten Gedanken über das Warum zu haben, sich so mechanisch abwickelte, als hätte es gar nicht anders sein können.

Mit Sorgfalt ging ich ans Werk. Da die Höhle nicht weit genug war, um die Kiste neben den Körper in die Vertiefung zu setzen, sprang ich hinunter, um den Körper auf den Rand der Höhle zu heben.

Doch kaum hatte ich zugepackt, als meine Hände auch schon zusammenklatschten, als hätten sie Luft umarmen wollen, denn zwischen meinen Händen fiel der Körper zusammen, und übrig blieb nichts weiter von ihm als ein kleines, ganz kleines Häuflein Staub, das, wenn ich es zusammenscharrte, nicht größer war als eine Faust.

Es waren nicht mehr als zwanzig Minuten vergangen, seit ich den Körper abgetastet und gefunden hatte, daß er hart war und sich anfühlte wie Holz. Alles, selbst die kostbaren Gewebe, das schwarze Haar des Kopfes und des Bartes, die Fingernägel hatten sich so überraschend in zarte Flugasche verwandelt, als habe ein gewaltiges Feuer mit der Raschheit und der Konzentriertheit des Blitzes einen Strohhalm aufgebrannt.

Ich starrte auf das winzige Häuflein Asche, das noch während meines Hinsehens der Erde, die beim Ausgraben auf den Boden der Höhle gefallen war, immer ähnlicher wurde, und ich hätte schon nicht mehr mit Gewißheit sagen können, was Sand und was Asche war.

Es war zwecklos, noch länger da in der Mittagssonne zu stehen. Ein Traum äffte mich; ich begann aufzuwachen und bemühte mich, klar und ruhig auf ein Mittel zu denken, das mich von diesen Wahnbildern, die mich herumjagten, befreien könnte. Ich fühlte deutlich, daß ich anfing, krank zu werden. Der Busch stand unheimlich drohend um mich herum, ebenso drohend stand über mir die glühende Sonne, einer erbarmungslosen Feindin gleich, sich in mein Hirn bohrend, fressend und sengend. Die Menschen hatten seit hundert Jahren die Erde verlassen, mich hatten sie vergessen zu rufen und mitzunehmen, weil ich zu tief im Busch war, weil sie mich tot geglaubt hatten.

Aber ...

Oh, Sonne, Mond und alle Sterne, erlöst mich von meinen Qualen! Was, um aller Lebenden und Toten willen, ist Wahrheit? Dort, vor meinen Füßen funkelt und glitzert es so lustig im Sonnenlicht, so verheißungsvoll und so beruhigend: die Schmuckstücke des Indianers. Sie zerfielen nicht zu Asche, und wenn sie da sind – und sie sind wirklich und wahrhaftig da, denn ich fühle sie in meinen Händen –, dann ist auch der Indianer dagewesen, und ich bin durchaus gesund und weiß, was ich tue.

Ich eile zum Hause.

Mit der Freude im Herzen über das neugeschenkte Leben betrachtete und studierte ich die kleinen Kunstwerke. Dieses Studium erfüllte mich mit Andacht und mit Ehrfurcht gegenüber den Künstlern, die so Wundervolles schaffen konnten und die ihre Namen nicht zurückließen.

Endlich wickelte ich die Sachen in Papier, machte ein kleines Paketchen, das ich verschnürte, und legte es in eine leere Blechbüchse, die ich oben auf das Bücherbrett stellte.

Noch vor Sonnenuntergang ging ich abermals zur Höhle und füllte sie mit Erde und Steinen aus. Ich tat es, um zu verhindern, daß vorüberwandernde Indianer oder sich herumtreibende Pferde und Maultiere hineinstürzten, die Glieder brachen und hilflos darin liegenblieben.

Den ganzen Abend verbrachte ich damit, mir alle Geschehnisse der letzten Tage und besonders des heutigen ins Gedächtnis zurückzurufen und sie zu ordnen, damit es ihnen nicht gelänge, mich zu verwirren. Denn da ich niemand hatte, mit dem ich hätte sprechen, auf den ich einen Teil meiner Erregung hätte abladen können, war ich genötigt, alle Widersprüche, Einwendungen, Erklärungen und Vermutungen gegen mich allein zu führen, um eine Unterhaltung in Fluß zu bringen.

Mitternacht war längst vorüber, als ich zu Bett ging, erregt wie ein Kind am Weihnachtsabend. Erschöpft und übermüdet von der harten Tagesarbeit und den seelischen Aufregungen der letzten zwanzig Stunden, fiel ich sofort in Schlaf.

Träume

Mein Schlaf war alles andre, nur nicht sanft und ruhig. Aus einem schweren und wüsten Traum wurde ich in einen andern gejagt. Jeder hatte seinen Höhepunkt, und wenn dieser Punkt erreicht war, schoß ich auf, nur um sofort wieder in Schlaf zu fallen, mit keinem andern Sinn, als sogleich einen neuen Traum herunterzuhetzen. Es war ganz natürlich, daß jeder Traum mit den Dingen, die mich in den letzten Tagen so außerordentlich beschäftigt hatten, in naher Verbindung stand.

Ich fand mich über die lebhaften Märkte der alten indianischen Städte wandern, aber es war mir nicht möglich, das zu finden, was ich so bitter notwendig haben mußte. Und immer, wenn ich glaubte, es nun gefunden zu haben, machte ich die Entdeckung, daß ich vergessen hatte, was es war. Nun begann mein Geist angestrengt zu arbeiten, um das, was ich brauchte, in mein Gedächtnis zurückzurufen. Dann ging ich an einen Verkaufsstand und kaufte etwas. Wenn ich es aber in der Hand hatte, kam es mir zum Bewußtsein, daß ich ganz etwas andres hatte kaufen wollen. Ich steckte den Gegenstand, den ich plötzlich gar nicht kannte, in die Tasche, aber ich fand, daß ich keine Tasche an meinen Kleidern besaß. Nun sollte ich bezahlen, und so sehr ich auch suchte, ich konnte die Kakaobohnen nicht finden, die das Geld waren, mit dem ich zu zahlen hatte. Denn was immer ich in die Hand nahm, waren Pfefferkörner oder Ameisen oder Fingernägel. Und dann wurde ich von halbnackten Marktpolizisten gejagt und als Marktbetrüger verfolgt. Ich raste durch den Busch, wo mich die Schlingpflanzen und Kaktusstauden festzuhalten suchten, meine Haut mir in Fetzen vom Leibe gerissen wurde durch die Dornen und Stacheln, die sich mir überall in den Weg drängten. Und wohin ich trat, waren Schlangen, Riesenspinnen, gigantische Skorpione, große Eidechsen, deren Maul halb so weit offen war, wie ihr Körper lang war, während hinter mir die nackten Polizisten wie Wölfe heulten und brüllten und Polizeitiger auf meine Fährte setzten. Nun hatte ich einen hohen Felsen zu erklimmen, und als ich oben war und eine Meute von Berglöwen und Geiern mich gerade packen wollte, fiel ich in eine tiefe Schlucht hinunter. Der Fall dauerte viele Stunden, und während des Falles sah ich, wie die Polizisten, die in Papageienfedern gekleidet waren, die Possums, die ihnen als Polizeihunde gedient hatten, herbeipfiffen, dann mit Musik heimmarschierten, den Kaufmann, dem ich dreiundeinehalbe Kakaobohne schuldete, verhafteten und am Nebenstand als Sklaven verkauften. Inzwischen kam ich unten in der Schlucht an. Ich schlug so heftig auf, daß ich erwachte und die Schlucht hell erleuchtet fand. Es war aber der Mond, der in mein Zimmer schien. Und darüber beruhigt, schlief ich sofort wieder ein.

Nun kämpfte ich auf seiten der spanischen Eroberer, und die Azteken nahmen mich gefangen. Ich wurde in den Tempel gebracht, um geopfert zu werden. Priester legten mich auf den Opferstein und hielten mich fest. Der Hohepriester kam heran, um mir das Herz aus der Brust zu reißen und es dem fürchterlich aussehenden Gott vor die goldenen Füße zu werfen. Ich sah, wie der Gott mich angrinste und mit den Augen blinkte, obgleich er von Stein war. Dann streifte der Hohepriester den Ärmel seines Rocks zurück, packte mich mit der linken Hand brutal ans Kinn und riß mir den Kopf zurück, während er mit der rechten Hand mir das Messer in die Brust schlug, wobei ich aufwachte.

Aber gleich fiel ich wieder in Schlaf und kämpfte nun auf seiten der Tabaskaner. Ich fiel in Gefangenschaft der Spanier, kam vor ihr Kriegsgericht und wurde zum Verlust beider Hände verurteilt, die mit einem stumpfen Taschenmesser abgeschnitten wurden. Die Arme fühlten sich darauf ganz dumpf an, ich erwachte, und meine Hände, die seitlich aus dem Bett hingen, waren eingeschlafen.

Nun besaß ich ein Atelier für Kunstgewerbe in Tenochtitlan, und ich hatte den Befehl bekommen, den Krönungsmantel für den neugewählten Monarchen aus den schönsten Federn tropischer Vögel anzufertigen. Aber die Federn flogen mir alle fort, und ich hatte hinter jeder einzelnen herzujagen, während nur eine knappe Viertelstunde noch fehlte, bis die Krönung beginnen sollte. Alle Fürsten und die Gesandten fremder Herrscher waren schon versammelt, und die Volksmengen summten vor dem Krönungspalast und in den Straßen, die zum Tempel führten. Ganze

Scharen von Dienern und hohen Beamten kamen angejagt, um den Mantel zu holen; aber wenn ich eine Feder angenäht hatte und die nächste danebenheftete, flog die vorher angenähte schon wieder fort. Ich hörte die Trompeten schmettern und die großen Pauken dröhnen, die gigantischen Bronzeplatten von den Tempeln klingen und die Priester ihre schrillen Gesänge anstimmen, während mein Haus von Tausenden von wütenden Dienern und Hofmarschällen umstellt war, die schrien: „Den Krönungsmantel! Den Federmantel! Wir müssen alle sterben! Zum Tode verurteilt! Zum Tode geflogen!“ In meiner Hast, den Mantel doch noch fertigzustellen, schlüpfte er mir aus den Fingern, und alle Federn, die ich in wochenlanger mühseliger Arbeit angenäht hatte, flogen zwitschernd zum Fenster hinaus. Ich erwachte und hörte die Millionen Grillen und Graspferdchen im Busch zirpen.

Und wieder schlief ich gleich darauf ein mit dem sicheren und beruhigenden Bewußtsein, daß ich im Bett liege und mir die Krönung des Kaisers von Anahuac ganz gleichgültig sei, noch gleichgültiger sein Mantel. Da öffnete sich die Tür zu meinem Zimmer. Ich wunderte mich darüber, wie das geschehen könne; denn ich wußte genau, daß ich vor dem Zubettgehen, wie es immer meine Gewohnheit war, den schweren Vorlegebalken sorgfältig in die Hintschen geschoben hatte. Aber die Tür öffnete sich trotzdem, und herein kam mein indianischer Besucher, derselbe, den ich, wie ich genau wußte, am Tage vorher hatte zu Staub zerfallen sehen. Das Zimmer war durch ein merkwürdig bleiches und flutendes Licht erhellt, dessen Quelle ich nicht ergründen konnte. Es war weder Sonne noch Mond, es war vielmehr ein weißer, in sich leuchtender, flimmernder Nebel, der aber nicht dicht genug war, daß er irgend etwas verbergen oder auch nur verschleiern konnte.

Der Indianer kam nahe an mein Bett. Dort stand er ruhig und sah mich lange an. Ich hatte meine Augen weit geöffnet, konnte mich aber nicht bewegen. Besser gesagt, es kam mir von nirgendwoher der Wille, mich zu bewegen, und ich fühlte, daß ich mich nicht bewegen könne, wenn ich nicht irgendwo den Willen fände, der mir fortgelaufen war. Doch ich fühlte keinerlei Furcht, dagegen war in mir ein wohltuendes Gefühl brüderlicher Liebe oder Freundschaft. Mein Besucher hob mit ruhigen Bewegungen den Moskitoschleier und schlug die Seite, an der er stand, oben über die Bandleiste. Dann grüßte er mich in seiner feierlichen Weise. Wieder betrachtete er mich eine Weile mit tiefem Ernst, und dann begann er zu reden.

Er sprach sehr langsam, jedem einzelnen Wort das volle Gewicht der auszudrückenden Meinung gebend: „Ich frage Sie, mein Freund, was Sie fühlen würden, wenn man Sie in einem Zustand völliger Hilflosigkeit jener kleinen Gaben beraubte, die Ihnen mitgegeben wurden als Begleiter auf jene lange Reise durch das Land der Schatten? Wer gab sie mir, jene kleinen

Geschenke? Sie wurden mir gegeben von jenen, die mich liebten und die ich liebte, von jenen, die heiße Tränen weinten, als ich sie verließ. Nichts sonst als diese geringfügigen Gaben sind es, die meinen Weg erleuchten durch die Nacht. Für Liebe allein ist es, daß Menschen geboren wurden, und nur der Liebe wegen ist es, daß sie leben. Was man auch immer an Würden, Ehren, Verdiensten, Ruhm und Reichtümern erworben haben mag –, verglichen mit der Liebe zählen sie für nichts. Vor dem großen Tor, durch das wir alle zu gehen haben, werden selbst die innigsten Gebete, die zum Himmel hinaufgesandt wurden, nur als Bestechungsgelder angesehen, nicht mehr wert als eine kleine Kupfermünze. Im Angesicht der Ewigkeit zählt nur die Liebe, die wir gaben, die Liebe, die wir empfingen, und vergolten wird uns nur in dem Maße, wie wir liebten. Darum, Freund, geben Sie mir zurück, was Sie mir nahmen, so daß, wenn am Ende meiner langen Wanderung vor dem Tore stehend ich gefragt werde: Wo sind deine Beglaubigungen?, ich sagen kann: Siehe hier, o mein Schöpfer, in meinen Händen halte ich meine Beglaubigungen. Klein sind die Gaben nur und unscheinbar, aber daß ich sie tragen durfte auf meiner Wanderung, ist das Zeichen, daß auch ich einst geliebt wurde, und also bin ich nicht ganz ohne Wert."

Die Stimme des Indianers verhauchte in ein Schweigen.

Es war nicht seine wogende Beredsamkeit, es war vielmehr sein Schweigen, in eherner Urgewalt den Raum anfüllend, Dingen, Worten und Taten wortlos befehlend, das mein Handeln bestimmte. Ich stand auf, kleidete mich notdürftig an, zog die Stiefel über die Füße und eilte zum Bücherbrett. Ich öffnete das Paketchen, hängte dem Indianer die goldene Kette über den Hals, schob den schweren Ring an seinen Finger und kniete endlich vor ihm nieder, um ihm die Reifen um die Knöchel der Beine zu legen. Als ich mich von den Knien erhob, hatte er den Raum verlassen. Die Tür war verschlossen und der Balken vorgeschoben.

Ich kehrte zu meinem Bett zurück und fiel sofort in einen Schlaf, der so tief, so gesund, so traumlos war, wie ich seit Wochen keinen gehabt hatte. Er war der erste erfrischende, wohltätige Schlaf nach einer schweren Krankheit.

Das Erwachen

Spät am folgenden Morgen wachte ich auf, wundervoll ausgeruht und mich so kräftig fühlend, wie seit langer Zeit nicht mehr.

Als ich auf dem Bettrand saß und mich lässig ankleidete, fiel mir der letzte Traum ein, und ich mußte gestehen, daß ich mich keines Traumes erinnern konnte, der so klar und so logisch sich abgewickelt hatte wie dieser.

Ich langte nach meinen Stiefeln und fand es höchst merkwürdig, daß sie nicht auf dem Stuhl standen und mit Papier ausgestopft waren. Durch Erfahrung gewitzigt, hatte ich mir angewöhnt, wenn ich im Busch oder im

Dschungel lebte und die Stiefel des Abends ausziehen konnte, sie auszustopfen und hoch zu stellen, um zu verhindern, daß Skorpione darin versteckt waren, wenn ich mich des Morgens eilig anzukleiden hatte.

Aber die Stiefel standen nicht auf dem Stuhl, sondern unter dem Bett, und als ich das bemerkte, fiel mir ein, daß ich sie dorthin hatte fallen lassen, als ich wieder ins Bett zurückkehrte, nachdem der Indianer gegangen war und ich mich so müde fühlte, daß ich nicht die Kraft mehr aufbringen konnte, die Stiefel auszustopfen, als ich halb schon wieder schlafend ins Bett rollte.

Nun sprang ich sofort zum Bücherbrett. Die Blechbüchse stand nicht mehr dort. Ich sah mich um und fand, daß sie auf dem Tische stand. Leer. Das Papier, in das die Schmuckstücke gewickelt waren, lag zerrissen auf dem Fußboden. Kein Anzeichen war zu entdecken, wo die Sachen sein mochten und auf welche Weise sie verschwunden sein konnten. Die Tür war noch immer sorgfältig verschlossen, von innen, mit dem schweren Querbalken davor, genau so, wie ich sie gestern abend und alle Abende vorher gesichert hatte.

Ich stürmte hinüber zum Hügel. In fieberhafter Eile räumte ich die zugeschüttete Höhle aus, fand es aber völlig aussichtslos, zwischen den Steinen, der Erde, dem Gebüsch, womit ich gestern nachmittag die Höhle aufgefüllt hatte, irgend etwas zu entdecken, das mich auf die Spur meiner verlorenen Schätze bringen mochte.

Wo, um aller törichten Träume willen, hatte ich nur in meiner Schlaftrunkenheit dieses Zeug hingeschleppt?

Vergeblich marterte ich mein Hirn und hämmerte in meinem Gedächtnis herum. Nicht eine einzige Idee kam mir, der nachzugehen sich hätte lohnen können.

Vielleicht die Schweine? Es war zwar lächerlich, das in Erwägung zu ziehen, aber versuchen konnte ich es ja, ich brauchte ja niemand etwas von diesem Aberglauben zu erzählen.

Jedoch die Schweine habe ich niemals wieder gesehen.

Der Doktor kehrt zurück

Zehn Tage später kam der Doktor zurück. Meine erste Frage an ihn war: „Sagen Sie, Doktor, haben Sie jemals, zu irgendeiner Zeit drei Hogs (Schweine) hier in der Nähe des Bungalows oder in der Nachbarschaft gesehen? Zwei schwarze und ein gelbes?“

„Hogs?“ fragte er, mich dabei scharf beobachtend. „Hogs?“ wiederholte er nach einer Weile noch einmal, und ich hatte das Empfinden, als ob er in seine Stimme und in seinen mich festhaltenden Blick eine Färbung legte, die ganz gut eine unauffällige Prüfung meines Geisteszustandes sein konnte. „Hogs? Nein! Sie meinen ganz bestimmt Dogs (Hunde), Sie verwechseln nur die Worte. Ich habe hier allerdings zu verschiedenen Malen drei Hunde herumlaufen sehen, zwei schwarze und einen gelben, die sich etwas sonderbar benahmen. Ich habe herumgefragt, aber niemand kannte die Hunde. Schließlich, was habe ich mich um herumstrolchende Indianerhunde zu kümmern."

Nun erzählte ich ihm meine Geschichte. Ich glaubte, er würde in Ekstase geraten, denn seine Bibliothek bewies mir doch gut, womit er sich beschäftigte.

„Einen toten Indianer, sagen Sie? Einer, der Sie besuchte in zwei Nächten?" Er löste meine lange ausführliche und begeistert vorgetragene Erzählung in so trockene Worte auf, preßte meine Ausrufe des Entzückens in so winzige und klapperdürre Fragezeichen zusammen, daß es mir leid tat, zu diesem zynischen Skeptiker überhaupt von meinem Erlebnis gesprochen zu haben.

Wie mit einer Sonde in einer Wunde, so bohrte er mit seinen Augen in meinem Gesicht herum und sagte: „Schmucksachen? Antike aztekische Arbeit? In der Hand gehabt? Verschwunden? Wissen nicht, wo und wie?"

Seine Ironie empörte mich, und ich sagte lauter und rascher, als nötig war: „Wenn Sie es nicht glauben, ich kann Ihnen den Hügel zeigen mit den Steinstufen, und die Höhle, die ich gegraben habe."

Immer noch die Augen auf mich geheftet, als ob er einem Krankheitsbericht zuhöre, dann die Stirne hochziehend, nahm er endlich ruhig seine Pfeife aus der Tasche, griente mich unverschämt an und sagte knochentrocken: „Ich kann Ihnen auch eine Höhle zeigen, die ich gegraben habe im Busch, vor – achtundzwanzig Jahren. Passiert mir heute nicht mehr. Ich lasse die toten Indianer und ihre Könige ruhig schlafen in ihren Gräbern. Mich besuchen sie nicht mehr." Er reichte mir ein großes Paket Tabak über den Tisch: „Habe ich Ihnen von der Reise mitgebracht."

Dann tat er zwei Züge aus seiner kleinen Pfeife und sagte: „Ja, was ich Ihnen raten möchte: Nehmen Sie sich ein nettes, nicht zu dreckiges Indianermädel in Ihre Strohbude. Als Köchin. Wenn Sie das nicht mögen, würde ich an Ihrer Stelle den Busch und den Dschungel für eine gute Weile verlassen. Es gibt ja auch Städte, wo man wohnen kann."

Printed at Repro India Ltd.